KB212357

9791189988623

佛說阿彌陀經
불 설 아 미 타 경

大田屯山庵 沙門三泫圓昌懸吐譯註

도서출판 도반

일러두기

1. 이 자료는 간경을 위해 역주하였다.

2. 아미타경은 관무량수경 무량수불경과 더불어 정토 삼부경 가운데 하나로 특히 왕생발원과 칭명염불을 권하고 있다. 우리나라에서는 49재 등 제례에 주로 독송해 왔다.

3. 역주함에 현대 불교가 철학이나 사상 세계관 등 지식 위주로 흐르는 점을 반성하며 불교적 삶의 전형, 특히 수행방법과 수행자의 태도 즉 불교를 믿는다는 것은 무엇인가 스스로 느끼도록 하는 데 목적을 두었다.

4. 경문의 번역은 적절한 한글 번역만 제공된다면 누구든지 읽고 스스로 이해할 수 있다는 전제하에 최대한 풀어 번역하고 설명이 필요한 개념이나 내용은 미주로 처리하였다.

5. 지적 유희와 학술적 경전 읽기가 되지 않게 하려고 노력하였다.

6. 경전이 부처님과 제자들의 대화인 점을 고려하여 구어체로 다루었다.

7. 소리 내어 음미하며 경을 읽은 간경看經을 염두에 두고 번역하였다.

8. 번역에 고려, 조선의 구결 또는 현토본을 참고하고 언해본이 있는 경우 언해본을 참고하여 현토와 번역을 하되 현대 한국의 언어 습관과 논리적 태도에 따라 수정하였다.

9. 현대중국어 문법체계나 신수대장경의 한문문법체계는 참고하되 준용하지는 않았다.

10. 불교신자가 일반적으로 알고 있다고 생각되거나 자주 사용되는 단어는 한자어를 그대로 사용하였다.

11. 단어의 의미를 분명히 하기 위해 한자를 표기해야 할 경우 "돈교대승頓敎大乘"과 같이 표기하였다.

12. 단어나 단어처럼 사용되는 한자숙어는 풀어 쓰거나 연대 한국어에서 대체 가능한 단어를 사용하려 노력하였다.

13. 단어를 한글로 풀어 번역한 경우 한자어를 표기해야 할 경우 "허망한 집착(망착妄著)"과 같이 표기하였다.

14. 주요한 단어 또는 내용은 미주로 다루되 표제어는 한자어 단어로 표기하여 10과 같이 하였다.

15. 미주와 풀어쓰기에서 주요 한국 또는 중국 찬술 주해서와 불광대사전을 참고하였다.

16. 해제와 주해 등은 뒤에 두었다.

17. 독자들이 반복해서 소리 내어 읽어(간경看經) 익숙해지기를 바라는 마음으로 간경하며 번역 교정하였다. 독자들도 한자로 간경하든 한글로 간경하든 반복해서 소리 내어 읽고 외우고 사색하기를 바란다.

開經偈

無上甚深 微妙法

百千萬劫 難遭遇

위 없고 깊고 깊어 미묘한 가르침

백천만겁토록 만나기 어려우나

我今聞見 得受持

圓解如來 眞實義

제가 지금 듣고 보아 받들어 지녀

여래의 진실한 뜻 알기 바라나이다.

開法藏眞言

『옴 아라 남 아라다』

佛說阿彌陀經

불 설 아 미 타 경

如是我聞이니다.

이와 같이 내가 들었나니라.

一時에 佛이 在舍衛國祇樹給孤獨園하사 與大比丘僧千二百五十人俱하시니라. 皆是 大阿羅漢으로 衆所知識이니라.

長老舍利弗과 摩訶目乾連과 摩訶迦葉과 摩訶迦栴延과 摩訶拘絺羅와 離婆多와 周梨槃陀迦와 難陀와 阿難陀와 羅睺羅와 憍梵波提와 賓頭盧頗羅墮와 迦留陀夷와 摩訶劫賓那와 薄俱羅와 阿㝹樓馱와 如是等 諸大弟子와 幷諸菩薩摩訶薩하시니 文殊師利法王子와 阿逸多菩薩과 乾陀訶提菩薩과 常精進菩薩로 與如是等諸大菩薩과 及釋提桓因等과 無量諸天大衆俱하니라.

언젠가 부처님께서 사위국의 기수급고독원에 계실 때 큰 비구 천이백오십명[1]과 함께였으니 모두 대아라한으로 대중들이 이미 아는 분들이었나니라.

장로 사리불[2]과 마하목건련[3]과 마하가섭[4]과 마하가전연[5]과 마하구치라[6]와 이바다[7]와 주리반특가[8]와 난다[9]와 아난다[10]와 라후라[11]와 교범바제[12]와 빈두로바라타[13]와 가루타이[14]와 마하겁빈나[15]와 박구라[16]와 아누루타[17]이니 이러한 대제자들과 또 보살마하살들도 함께 하였는데 문수사리 법왕자와 아일다보살[18]과 건타아제보살[19]과 상정진보살이니 이러한 여러 큰 보살들과 또 석제 환인 등 무량한 하늘의 대중들도 함께였나니라.

爾時에 佛告長老舍利弗하사대 "從是西方으로 過十萬億佛土하야 有世界하니 名曰極樂이요 其土有佛하니 號阿彌陀ㄹ새 今現在說法하나니라."

그때 부처님께서 장로 사리불에게 말씀하셨나니라.

"여기에서 서쪽으로 십만억 부처님의 땅을 지나면 세계가 있는데 이름을 극락이라 하나니라. 그 땅에 한 부처님께서 계시니 아미타부처님이니라. 지금 현재도 법을 설하고 계시나니라."

"舍利弗아 彼土는 何故로 名爲極樂이어뇨?
其國衆生은 無有衆苦하고 但受諸樂ㄹ새 故
名極樂이니라."

"사리불이여, 그 땅을 왜 이름하여 극락이
라 하는가?
그 나라의 중생들에게는 여러 가지 괴로움
이 없고 다만 온갖 즐거움만 받기 때문에
극락이라 하나니라."

"又舍利弗아 極樂國土는 七重欄楯하고 七
重羅網하며 七重行樹하니 皆是四寶로 周匝
圍繞니라. 是故로 彼國은 名曰極樂이니라."

"또 사리불이여, 극락의 땅은 일곱 겹 난간
과 일곱 겹 그물과 일곱 겹으로 늘어선 나
무가 있고 모두 네 가지 보배로 둘러싸여

있나니라.

이러한 까닭으로 그 나라를 극락이라고 하나니라."

"又舍利弗아 極樂國土에 有七寶池하니 八功德水가 充滿其中하고 池底는 純以金로 沙布地니라. 四邊의 階道는 金銀琉璃頗梨로 合成하고 上有樓閣하니 亦以金銀琉璃頗梨車磲赤珠馬瑙로 而嚴飾之니라. 池中에 蓮花는 大如車輪하며 靑色靑光이며 黃色黃光이며 赤色赤光이며 白色白光으로 微妙香潔하니라.

舍利弗아 極樂國土는 成就如是功德莊嚴이니라."

"또 사리불이여, 극락에는 일곱 가지 보배로 된 연못이 있고 여덟 가지 공덕의 물[20]이 가득 차 있나니라.

연못 바닥에 순금 모래가 깔려 있고 사방은 모두 계단으로 되어 있으며 금과 은과 유리와 파리가 섞여 있나니라. 그 위에 누각이 있으니 또한 금과 은과 유리와 파리와 자거와 붉은 진주와 마노로써 장식되어 있으며 연못 속에 크기가 수레바퀴 같은 연꽃이 있어 파랑색에 파란빛, 노란색에 노란빛, 붉은색에 붉은빛, 흰색에 흰빛으로 미묘하며 향기롭고 깨끗하나니, 사리불이여, 극락국토는 이러한 공덕으로 장엄하나니라."

"又舍利弗아 彼佛國土는 常作天樂하며 黃

金이 爲地하며 晝夜六時에 天雨曼陀羅華
하며 其國衆生은 常以淸旦하며 各以衣祴는
盛衆妙華하며 供養他方十萬億佛하고 卽以
食時에 還到本國하야 飯食經行하나니라.
舍利弗아 極樂國土는 成就如是功德莊嚴
이니라."

"또한 사리불이여, 그 나라에는 항상 천상
의 음악이 울리며 황금 땅에는 밤낮 여섯
번 하늘에서 만다라꽃[21]이 내리나니라.

그 나라 중생들은 항상 맑은 새벽에 각각
옷에 여러 미묘한 꽃으로 장식하고 모든
국토의 십만억 부처님들께 공양 올리고 바
로 돌아와 공양하고 경행[22]하나니라.

사리불이여, 극락국토는 이와 같은 공덕으
로 장엄하였나니라."

"復次舍利弗아 彼國에 常有種種奇妙雜色之鳥하니 白鵠와 孔雀과 鸚鵡와 舍利와 迦陵頻伽와 共命之鳥니 是諸衆鳥가 晝夜六時로 出和雅音하니 其音은 演暢五根과 五力과 七菩提分과 八聖道分과 如是等法이니라.

其土衆生이 聞是音已에 皆悉念佛念法念僧하나니라."

"다시 또 사리불이여, 그 나라에는 기묘한 여러 가지 색의 새가 있으니 흰 고니와 공작과 앵무와 사리[23]와 가릉빈가[24]와 공명지조[25]라. 이러한 새들이 밤낮 여섯 번 조화롭고 아름다운 소리를 내나니 그 소리는 오근[26]과 오력[27]과 칠보리분[28]과 팔성도분[29]으로 이러한 가르침이니라.

그 나라의 중생들은 이 소리를 듣고 나서 모두 다 염불念佛하거나 염법念法하거나 염승念僧하나니라."

"舍利弗아 汝勿謂此鳥가 實是罪報所生이라하라. 所以者何오? 彼佛國土는 無三惡趣니라.

舍利弗아 其佛國土에 尚無三惡道之名이니 何況有實이리오. 是諸衆鳥는 皆是阿彌陀佛이 欲令法音宣流ㄹ새 變化所作이니라."

"사리불이여, 그대는 이 새들이 실로 죄의 과보로 태어난 것이라 생각하지 말라. 왜냐하면 그 나라에는 삼악취³⁰⁾가 없기 때문이니라.

사리불이여 그 부처님 나라는 오히려 삼악
도라는 말조차 없으니 어찌 하물며 진실하
지 않겠는가?
이 새들은 모두 아미타 부처님이 법음을
널리 설하기 위하여 변화로 나투신 것이니
라."

"舍利弗아 彼佛國土에 微風吹動하면 諸
寶行樹와 及寶羅網이 出微妙音하니 譬如
百千種樂이 同時俱作하니라. 聞是音者는
皆自然히 生念佛念法念僧之心하나니라.
舍利弗아 其佛國土에 成就如是功德莊嚴
하나니라."
"사리불이여, 그 나라에 미풍이 불면 여러
보배로이 늘어선 나무들과 보배 그물들이

움직여 미묘한 소리를 내나니라.

비유하자면 백천 가지 즐거움이 동시에 모두 일어나는 것과 같나니 이 소리를 들은 사람들은 모두 저절로 염불하거나 염법하거나 염승하려는 마음이 생기나니라.

사리불이여, 그 나라는 이러한 공덕으로 장엄하나니라."

"舍利弗아 於汝意云何오? 彼佛은 何故로 號阿彌陀이어뇨?

舍利弗아 彼佛光明은 無量하야 照十方國하야 無所障礙ㄹ새 是故로 號爲阿彌陀라하니라.

又舍利弗아 彼佛壽命과 及其人民은 無量無邊하야 阿僧祇劫ㄹ새 故名阿彌陀이니라.

舍利弗아 阿彌陀佛成佛已來로 於今十劫이니라."

"사리불이여, 그대 생각에 어떠한가? 그 부처님을 왜 아미타라 부르는가?

사리불이여, 그 부처님의 빛은 무량하여 시방의 나라들을 비추되 거침없나니라. 이러한 까닭으로 아미타라 불리나니라.

또 사리불이여, 그 부처님의 수명과 백성이 무량하고 끝없는 아승지[31]이기에 아미타라 하나니라.

사리불이여, 아미타부처님은 성불하신 지
십 겁[32]이니라."

"又舍利弗아 彼佛에 有無量無邊한 聲聞弟
子하니 皆阿羅漢이라 非是算數之所能知며
諸菩薩도 亦復如是니라.

舍利弗아 彼佛國土는 成就如是功德莊嚴
이니라."

"또 사리불이여, 그 부처님에게 무량하고
무변한 성문 제자들이 있나니 모두 아라한
이라 헤아려 능히 알 수 없으며 보살들도
또한 알 수 없나니라.

사리불이여, 그 국토는 이와 같은 공덕으
로 장엄하였나니라."

"又舍利弗아 極樂國土의 衆生生者는 皆是 阿鞞跋致니 其中에 多有一生補處니 其數 甚多하야 非是算數所能知之니 但可以無 量無邊阿僧祇劫說니라."

"또 사리불이여, 극락국토의 중생으로 태어난 이는 모두 아비발치[33]이니 그 가운데 대다수는 일생보처[34]로 그 수가 매우 많아 따지거나 헤아려 다 알 수 없나니라. 다만 무량하고 무변한 아승지겁으로만 말할 수 있을 뿐이니라."

"舍利弗아 衆生聞者는 應當發願호대 '願生 彼國이니라.' 所以者何어뇨 得與如是諸上善 人이 俱會一處니라.
舍利弗아 不可以少善根福德因緣으로는 得

生彼國이니라."

"사리불이여, 중생으로 그 소리를 들은 사람들은 마땅히 발원하되 그 나라에 태어나기를 바라나니라. 왜냐하면 이와 같은 여러 빼어난 선한 사람들이 모두 한곳에 모여 있기 때문이니라.

사리불이여, 작은 선근과 복과 덕의 인연으로는 그 나라에 태어날 수 없기 때문이니라."

"舍利弗아 若有善男子善女人이 聞說阿
彌陀佛하고 執持名號호대 若一日커나 若二
日커나 若三日커나 若四日커나 若五日커나
若六日커나 若七日토록 一心不亂하면 其人
이 臨命終時에 阿彌陀佛과 與諸聖衆이 現
在其前호리라.

是人이 終時에 心不顚倒하면 卽得往生阿
彌陀佛極樂國土하나니라."

"사리불이여, 만약 선남자와 선여인이 아
미타불 말하는 것을 듣고 그 이름을 지녀
하루거나 이틀이거나 사흘이거나 나흘이거
나 닷새거나 엿새거나 이레 동안 한마음으
로 어지럽지 않으면 그 사람은 죽음에 이
르러도 아미타 부처님과 여러 성스러운 무
리들이 그 앞에 나타나나니라.

그 사람이 죽음에 이르러도 마음이 전도되지 않아 곧 아미타 부처님의 극락국토에 가서 태어나나니라."

"舍利弗아 我見是利ㄹ새 故說此言하나니 若有衆生이 聞是說者는 應當發願生彼國土하라.

舍利弗아 如我今者에 讚歎阿彌陀佛不可思議功德니라."

"사리불이여, 나는 이러한 이로움을 보았나니 그러므로 이와 같이 말하노라.

만약에 중생이 이러한 말을 들었으면 마땅히 그 나라에 나기를 발원하여야 하나니라.

사리불이여, 내가 지금 아미타 부처님의 불가사의한 공덕을 찬탄하리라."

"東方에 亦有阿閦鞞佛과 須彌相佛과 大彌佛과 須彌光佛과 妙音佛일새 如是等恒河沙數諸佛도 各於其國에 出廣長舌相하사 遍覆三千大千世界하야 說誠實言호대 '汝等衆生은 當信是稱讚不可思議功德一切諸佛所護念經하라.'하시나니라."

"동쪽에 또한 아촉불과 수미상불과 대비불과 수미광불과 묘음불이 계시니 이러한 항하사와 같이 많은 부처님들이 각각 그 나라에서 장광설을 펼쳐 두루 삼천대천세계를 덮으사 성실한 말씀을 하시되 '그대들 중생들도 마땅히 이 불가사의한 공덕과 일체부처님들께서 호념³⁵⁾하시는 말씀을 믿으라.'고 하시나니라."

"舍利弗아 南方世界에 有日月燈佛과 名聞光佛과 大焰肩佛과 須彌燈佛과 無量精進佛일새 如是等恒河沙數諸佛이 各於其國에 出廣長舌相하사 遍覆三千大千世界하야 說誠實言호대 '汝等衆生은 當信是稱讚不可思議功德一切諸佛所護念經하라.' 하시나니라."

"사리불이여, 남방에는 일월등불과 명문광불과 대염견불과 수미등불과 무량정진불이 계시니 이러한 항하사와 같이 많은 부처님들이 각각 그 나라에서 장광설을 펼쳐 두루 삼천대천세계를 덮으사 성실한 말씀을 하시되 '그대들 중생들도 마땅히 이 불가사의한 공덕과 일체 부처님들께서 호념하시는 말씀을 믿으라.'고 하시나니라."

"舍利弗아 西方世界에 有無量壽佛과 無量相佛과 無量幢佛과 大光佛과 大明佛과 寶相佛과 淨光佛일새 如是等恒河沙數諸佛이 各於其國에 出廣長舌相하사 遍覆三千大千世界하야 說誠實言하사대 '汝等衆生은 當信是稱讚不可思議功德一切諸佛所護念經하라.'하시나니라."

"사리불이여, 서쪽 세계에 무량수불과 무량상불과 무량당불과 대광불과 대명불과 보상불과 정광불이 계시니 이러한 항하사와 같이 많은 부처님들이 각각 그 나라에서 장광설을 펼쳐 두루 삼천대천세계를 덮으사 성실한 말씀을 하되 '그대들 중생들도 마땅히 이 불가사의한 공덕과 일체 부처님들께서 호념하시는 말씀을 믿으라.'고 하시나니라."

"舍利弗아 北方世界에 有焰肩佛과 最勝音佛과 難沮佛과 日生佛과 網明佛일새 如是等恒河沙數諸佛이 各於其國에 出廣長舌相하사 遍覆三千大千世界하사 說誠實言하사대 '汝等衆生은 當信是稱讚不可思議功德一切諸佛所護念經하라.' 하시나니라."

"사리불이여, 북쪽 세계에 염견불과 최승음불과 난저불과 일생불과 망명불과 이러한 항하사수의 여러 부처님들께서 계시니 모두 각각 그 국토에서 광장설상을 펼쳐 삼천대천세계를 덮으사 진실한 말씀을 하시되 '그대들 중생들은 마땅히 이 불가사의한 공덕을 칭찬하고 일체 부처님들께서 호념하시는 경전을 믿어야 한다.' 하시나니라."

"舍利弗아 下方世界에 有師子佛과 名聞佛과 名光佛과 達摩佛과 法幢佛과 持法佛과 如是等恒河沙數諸佛이 各於其國에 出廣長舌相하사 遍覆三千大千世界하사 說誠實言호대 '汝等衆生은 當信是稱讚不可思議功德一切諸佛所護念經하라.' 하시나니라."

"사리불이여, 아래쪽 세계에 사자불 명문불 명광불 달마불 법당불 지법불과 이러한 항하사수의 여러 부처님들께서 계시니 모두 각각 그 나라에서 광장설상을 펼쳐 삼천대천세계를 덮으사 성실한 말씀을 하시되 '그대들 중생들은 마땅히 이 불가사의한 공덕을 칭찬하고 모든 부처님들께서 호념하신 경전을 믿어야 한다.'고 하시나니라."

"舍利弗아 上方世界에 有梵音佛과 宿王佛과 香上佛과 香光佛과 大焰肩佛과 雜色寶華嚴身佛과 娑羅樹王佛과 寶華德佛과 見一切義佛과 如須彌山佛일새 如是等恒河沙數諸佛이 各於其國에 出廣長舌相하사 遍覆三千大千世界하사 說誠實言호대 '汝等衆生은 當信是稱讚不可思議功德一切諸佛所護念經하라.' 하시나니라."

"사리불이여, 위쪽 세계에 범음불 숙왕불 향상불 향광불 대염견불 잡색보화엄신불 사라수왕불 보화덕불 견일체의불 여수미산불 이러한 항하사수의 여러 부처님들께서 계시니 각각 그 나라에서 광장설상을 펼쳐 두루 삼천대천세계를 덮으사 진실한 말씀을 하시되 '그대들 중생들은 마땅히 이렇게

칭찬한 불가사의한 공덕과 일체 부처님들
께서 호념하신 경전을 믿어야 한다.' 하시
나니라."

"舍利弗아 於汝意云何오? 何故로 名爲一
切諸佛所護念經이어뇨?
舍利弗아 若有善男子善女人이 聞是經受
持者와 及聞諸佛名者는 是諸善男子善女
人은 皆爲一切諸佛이 共所護念하며 皆得
不退轉於阿耨多羅三藐三菩提니라. 是故
로 舍利弗아 汝等은 皆當信受我語와 及諸
佛所說하라."

"사리불이여, 그대 생각에 어떠하냐? 무엇
때문에 이름하여 '모든 부처님들께서 호념
하시는 경전이라.' 하는가?

사리불이여, 만약에 어떤 선남자와 선여인이 이 경전을 듣고 받아 지니는 사람과 모든 부처님들의 이름을 듣는다면 이 여러 선남자와 선여인이 모두 모든 부처님들이 함께 호념하는 바가 되며 모두 아뇩다라삼먁삼보리에서 물러나지 않게 되나니라. 이러한 까닭으로 사리불이여, 그대들은 모두 마땅히 나의 말과 여러 부처님들의 말을 믿고 받아들이라."

"舍利弗아 若有人이 已發願커나 今發願커나 當發願하야 欲生阿彌陀佛國者는 是諸人等은 皆得不退轉於阿耨多羅三藐三菩提하야 於彼國土하야 若已生커나 若今生커나 若當生하리라."

"是故로 舍利弗아 諸善男子善女人이 若有信者는 應當發願生彼國土하라."

"사리불이여, 만약 어떤 사람이 이미 발원하였거나 지금 발원하거나 미래에 발원하여 아미타 부처님의 나라에 태어나고자 한다면 이러한 모든 사람은 모두 아뇩다라삼먁삼보리에서 물러나지 않게 되며 그 나라에 만약 이미 태어났거나 지금 태어나거나 미래에 태어날 것이니라."

"이러한 까닭으로 사리불이여, 모든 선남자와 선여인이 만약 믿음이 있는 사람이라면 마땅히 그 나라에 태어나기를 발원하라."

"舍利弗아 如我今者에 稱讚諸佛不可思

議功德하니 彼諸佛等도 亦稱說我不可思議功德하야 而作是言호니라. '釋迦牟尼佛이 能爲甚難希有之事하야 能於娑婆國土五濁惡世인 劫濁과 見濁과 煩惱濁과 衆生濁과 命濁中에 得阿耨多羅三藐三菩提하야 爲諸衆生하사 說是一切世間難信之法이니라.' 하시나니라."

"舍利弗아 當知하라. 我於五濁惡世에 行此難事하야 得阿耨多羅三藐三菩提하고 爲一切世間하야 說此難信之法하니 是爲甚難니라."

"사리불이여, 내가 지금 여러 부처님들의 불가사의한 공덕을 칭찬하니 그 여러 부처님들도 또한 나의 불가사의한 공덕을 칭찬하여 이와 같이 말씀하시되 '석가모니 부처는 능히 매우 행하기 어려운 희유한 일을 하며 능히 사바세계의 오탁악세五濁惡世 겁탁劫濁(시대가 혼탁함)과 견탁見濁(견해가 혼탁함)과 번뇌탁煩惱濁(번뇌로 혼탁함)과 중생탁衆生濁(중생들이 모두 혼탁함)과 명탁命濁(목숨을 혼탁하게 유지함) 가운데에서 아뇩다라삼먁삼보리를 얻어 모든 중생들을 위하여 이 일체세간에서 믿기 어려운 가르침을 말하였다.'라 하시나니라."

"사리불이여, 마땅히 알라. 나는 오탁악세에서 이러한 어려운 일들을 실천하여 오탁악세에서 아뇩다라삼먁삼보리를 얻어 모든 세간을 위하여 이와 같은 믿기 어려운 가르침을 말하였으니 이는 매우 어려우니라."

佛說此經已에 舍利弗과 及諸比丘와 一切
世間天人阿修羅等이 聞佛所說하고 歡喜
信受하야 作禮而去니라.

부처님께서 이 경을 말씀하시자 사리불과
비구들과 모든 세간과 하늘과 사람과 아수
라들이 부처님의 말씀을 듣고 기뻐하며 믿
어 받아들이고 인사하고 물러갔나니라.

無量壽佛淨土呪

무량수불정토주

나모아미타바야 다타가다야 다디야타 아미
리도버비아미리다 싣담바비아미리다비가
란뎨아미리다비가란다가비니가가나기다가
례사바하

決定往生淨土眞言

결정왕생정토진언

나모사만다 못다남 아마리다바볘 사바하

上品上生眞言

상품상생진언

옴마리다리 훔훔바탁 사바하

阿彌陀佛心呪

아미타불심주

다냐타옴아리다라사바하

阿彌陀佛心中心呪

아미타불심중심주

옴로계새바라라아하릭

無量壽如來根本陀羅尼
무량수여래근본다라니

나모라 다나다라야야 나막알야 아미다바야
다타아다야 알하뎨 샤먁삼믓다야 다냐타
옴아마리뎨 아마리도나바볘 아마리다 삼바
볘아마리다 알볘아마리다 싣뎨 아마리다뎨
쳬아마리다 미가란뎨 아마이다 미가란다
아미니 아마리다 아아야나비가례 아마리다
나노비사바례사발타 사다니 살바갎바 가로
샥사염가례 사바하

修行法門

수행법문

다만 한결같은 마음으로 극락에 나기를 원하고 주문을 외우며 여섯 때 나무아미타불을 염하라.

廻向偈

願以此功德

바라옵건대 이 공덕이

普及於一切

모든 중생들에게 미쳐

我等與衆生

저희들과 중생들이

當生極樂國

극락국토에 태어나

同見無量壽

함께 무량수 부처님을 친견하고

皆共成佛道

모두 함께 부처님의 도 이루기

바라옵나이다.

주 석

1) 부처님 당시 승단의 승려 수. 최초에 법을 들은 5비구·야사장자의 아들 1인과 그 친구 50명·가섭 삼형제와 그 제자 1000명·사리불과 그 제자 100명·목련과 그 제자 100명 도합 1261인이나 간단히 1250이라 한다.

2) 십대제자 중 한 사람으로 지혜제일知慧第一로 불린다. 추로자鶖鷺子 등으로 의역되며 그 어머니는 태어날 때 눈이 사리조舍利鳥와 닮아 사리라 불렸는데 사리자는 사리의 아들이라는 의미이다. 그는 외도 수행자였는데 부처님 성불하시고 얼마 안 되어 마승비구를 통해 불자가 되었다. 불자가 될 당시 그의 나이는 80대였고 부처님보다 먼저 입적한다.

3) 십대제자 중 한 사람으로 신통제일神通第一 이다. 사리불의 친구로 그와 함께 불자가 된다. 우란분경의 주인공이다.

4) 십대제자 중 한 사람으로 두타제일頭陀第一 부처님 설도 3년 후에 출가하여 8일 만에 아라한을 증득하고 항상 두타행을 하였다. 사리불 이후 부처님의 각별한 신뢰를 받아 염화시중拈華示衆 반분좌半分座 관시쌍부槨示雙趺 등의

주인공이다.

5) 십대제자 중 한 사람으로 논의제일論議第一이다. 출가 후 부지런히 수행하여 아라한과를 성취하고 항상 외도들과 논의하였다.

6) 십대제자 중 한 사람으로 출가하여 아라한과를 얻고 오온의 공한 이치를 깨달아 오공悟空이라 불리웠다.

7) 사리불의 동생으로 항상 좌선 입정하여 마음에 착란이 없었다. 그 부모가 이바다라는 별에 기도하여 얻었으므로 이바다라 했다. 그는 우연히 사람의 몸이 텅 비고 허깨비 같다 생각하고 부처님에게서 사람의 몸은 사대가 임시로 모인 것이라는 법문을 듣고 출가했다. 그는 혹한에도 정진을 멈추지 않아 다리에 동상이 걸렸었다. 이때 부처님께서 그의 소욕 지족함을 칭찬하고 추운 지방에서는 단화나 가죽신을 신도록 허락하셨다.

8) 십육 아라한 중 열여섯번째 아라한. 부처님께서 사위성에 계실 때 형과 함께 출가했다. 성품이 둔하여 금방 배운 것

을 금방 잊었다. 그래서 그를 어리석은 길(우로愚路)이라 불렀는데 부처님의 '먼지를 털고 때를 닦으라(拂塵除垢)'는 단순한 가르침을 받고 여러 비구들의 신을 털어 주며 되뇌다가 차차 업장이 사라져 아라한과를 얻었다.

9) 부처님의 사촌으로 부처님과 거의 흡사하게 생겼다. 다만 미간의 백호가 없고 귀가 조금 작게 생겼다고 한다. 부처님께서 니구율 동산에서 출가시켰는데 출가 후에도 그는 아내를 잊지 못해 집으로 돌아갔었다. 부처님께서 방편을 써서 그를 지도하여 드디어 음욕심을 끊고 아라한이 되었다. 그는 조화제근제일調和諸根第一로 불린다.

10) 십대제자 중 한 사람. 부처님의 사촌동생으로 출가하여 20여 년간 부처님을 시봉하여 부처님의 말씀을 가장 많이 기억하여 다문제일多聞第一로 불린다.

11) 십대제자 중 한 사람. 밀행제일密行第一로 불리며 부처님의 친아들이다. 그는 부처님이 가필라를 방문했을 때 어머니의 꾐으로 부처님에게 유산을 요청했다가 12세에 출가하게 되었다. 라후라는 장애라는 뜻으로 부처님 출가 직전

에 태어났다.

12) 그는 태도가 둔중하여 '소처럼 생긴 비구(牛相比丘)'라 불렸다. 그는 표현이 조용하고 담담하여 그 기도가 넓고 컸다. 부처님께서 그를 항상 사람들이 조롱하다가 고통에 빠질 것을 연민히 여겨 도리천에서 수행하라 했다. 1차 결집 시 가섭은 천궁으로 사람을 보내 그를 데려왔다.

13) 십육 아라한 중 한 사람으로 세간에 영원히 머무른다. 흰 머리에 긴 눈썹을 하였는데 '세간에 머무르는 아라한(住世阿羅漢)이라 한다. 우전왕의 아들로 어려서 출가하여 아라한과를 얻고 신통을 얻었다. 신통을 사람들 앞에서 부리다가 부처님으로부터 꾸중을 들었다. 부처님께서 염부제에 살지 못하게 하여 서쪽의 구야니에서 교화하였다. 돌아와서는 열반에 들지 못하게 하시니 남쪽 마리산에서 중생을 교화하였다.

14) 부처님 제자들 중 악행을 일삼던 '여섯 무리 비구(육군비구 六群比丘)' 중 한 사람으로 그로 인해 여러 가지 계율들이 제정되었다.

15) 천문과 수리에 정통한 부처님의 제자로 총명하고 용맹스러웠다. 그는 출가 후 항상 용맹정진하여 삼매 가운데서 법안의 청정을 얻고 아라한과를 얻었다.

16) 160세까지 산 비구 장수제일長壽第一로 불린다.

17) 아누루타阿㝹樓馱 : 아나율阿那律이다. 범어 Aniruddha로 빠리어로 Anuruddha이다. 아니로타阿尼盧陀, 아누루타阿㝹樓馱 아난율阿難律, 아루타阿樓陀로 음역한다. 의역하면 무멸無滅, 여의如意, 무장無障, 무탐無貪, 수순의인隨順義人, 부정유무不爭有無 등이라 한다. 부처님의 10대 제자 가운데 하나이다. 부처님의 사촌동생으로 부처님께서 성도하신 뒤 고향에 갔을 때 출가하였다. 출가 후 자주 졸다가 부처님께 혼난 뒤에 잠을 자지 않고 정진하다가 눈이 멀었으나 천안통을 얻었다.

18) 아일다阿逸多 : 미륵보살을 말한다. 범어 Ajita이다. 아씨다阿氏多, 아시다阿恃多, 아이다阿夷哆 등으로 음역한다. 의역하면 무승無勝, 무능승無能勝 또는 무삼독無三毒이라 한다.

19) 건타아제보살乾陀訶提菩薩 : 향상보살香象菩薩이라 한다. 범어로 Gandha-hastin라 한다. 음역으로 건타아제보살乾陀訶提菩薩, 건타아서보살乾陀呵晝菩薩, 건타아사저보살健陀訶娑底菩薩이라 한다. 또 향혜보살香惠菩薩, 적색보살赤色菩薩, 불가식보살不可息菩薩이라 의역한다. 현겁賢劫의 열여섯 존자 가운데 하나이다.

20) 맑고 깨끗하다(澄淨)ㆍ맑고 시원하다(淸冷)ㆍ달고 아름답다(甘美)ㆍ가볍고 부드럽다(輕軟)ㆍ윤택하다(潤澤)ㆍ편하고 조화롭다(安和)ㆍ목마름을 없애준다(除饑渴)ㆍ육근을 기른다(長養諸根).

21) 범어 mānāra, mānārava, mandāraka로 의역하면 천묘天妙ㆍ열의悅意 등으로 불리며 이는 하늘의 꽃으로 붉으스레한 색이며 이 꽃을 보면 마음이 즐겁다고 한다.

22) 경행經行 : 범어 caṅkramana, 빠리어 caṅkamana이다. 일정한 장소에서 왕복하며 걷는 것이다. 보통은 식사 후 피로할 때 좌선 중 혼침할 때 한다. 한가한 곳, 문 앞, 강당 앞, 탑 아래, 누각 아래에서 주로 한다. 사분율四分律에 의

하면 경행에 다섯 가지 좋은 점이 있다 했으니 ① 먼 길 갈 수 있는 능력이 유지되고(능감원행能堪遠行), ② 고요히 사유할 수 있으며(능정사유能靜思惟), ③ 병이 적어지고 (소병少病), ④ 소화가 잘되며(소식消食), ⑤ 선정에 오래 머무를 수 있다(정중득이구주定中得以久住)이다.

23) 미상

24) 범어 kalaviṅka, 가라빈가조歌羅頻伽鳥·갈라빈가조羯邏頻迦鳥·가릉빈조迦陵頻鳥 등으로 불리며 참새와 비슷한데 깃이 매우 아름답고 부리는 붉다. 알 속에서부터 우는데 그 소리가 청아하며 미묘하여 천인이나 긴나라 등보다 아름답다 한다. 정토종의 만다라에서는 사람 머리의 새로 그려진다.

25) 미상

26) 신근信根 진근進根 염근念根 정근定根 혜근慧根.

27) 신력信力) 정진력精進力 염력念力 정력定力 혜력慧力.

28) 삼십칠조도품 가운데 칠각지를 말함. 염각지念覺支 택법 각지擇法覺支 정진각지精進覺支 희각지喜覺支 경안각지 輕安覺支 정각지定覺支 사각지捨覺支.

29) 정견正見 정사유正思惟 정어正語 정업正業 정명正命 정념 正念 정정진正精進 정정正定의 팔정도八正道.

30) 지옥 아귀 축생을 말하며 각각 탐냄(貪) 성냄(瞋) 어리석음 (癡)을 상징한다.

31) 아승기阿僧祇 (범어 asaṃkhya)는 헤아릴 수 없다, 끝없는 수라는 의미로 장구하고 원대하다는 뜻.

32) kalpa의 음역으로 분별시분分別時分 장시長時 등으로 의 역된다. 시간의 단위로 극대한 시간을 말하며 계산할 수 없는 시간 단위이다.

33) 다시 뒤로 물러나지 않는(不退轉) 보살의 지위.

34) 마지막으로 윤회하는 사람이라는 뜻. 이 생을 지나면 다음

생에 성불하는 것이 분명한 사람. 보살의 지위로 등각等覺
과 묘각妙覺의 지위를 말하며, 미륵을 일생보처보살로 본
다. 여기에 네 가지 보살이 있다. 첫째 바른 지위에 있는
보살(住於正定位之菩薩) 둘째 부처의 지위에 근접한 보살
(接近於佛地之菩薩) 셋째 도솔천에 있는 보살(住於兜率天
之菩薩) 넷째 도솔천에 있다가 인간 세계에 내려와 성불하
는 보살(由兜率天至人間下生而成佛)

35) 부처님이나 보살, 천신 등이 불제자를 보호하여 여러 가
지 장애와 어려움을 겪지 않게 해주는 것. 이는 제불 보살
과 천신의 '중생을 보호하리라'고 한 서원에 의한 것이다.

해 제

이 경은 불설무량수불경, 불설관무량수경과 함께 정토 삼부경의 하나이다.

범어로 Sukhāvatīvyuha-sūtra라 하는데 줄여서 아미타경阿彌陀經이라 하고 따로 소무량수경小無量壽經 또는 소경小經이라 한다. 요진姚秦 때 구마라집鳩摩羅什의 번역으로 분량이 가장 짧다. 삼부경 가운데 가장 널리 읽힌 경이다.

역자 구마라집(344~413 또는 350~409)은 범어로 Kumārajīva이다. 구마라집究摩羅什, 구마라집바鳩摩羅什婆, 구마라기바拘摩羅耆婆라 표기하기도 하며 줄여서 라집羅什, 집什이라 한다. 의역하면 동수童壽라 하는데 동진東晉 때 구자국龜玆國 사람이다. 부모가 모두 출가하였다. 그는 매우 총명하였는데 7세 때 어머니를 따라 출가하였고 천축에 가서 수학하였다. 두루 배워 잘 기억하고 귀국하여 왕의 스승이 되었다. 진秦 나라 부견苻堅이 그에 대한 소문을 듣고 탐이 나 여광呂光이라는 장수를 보내 구마라집을 데려오도록 한다. 그러나 우여곡절 끝에 40에 동진에 이르러 국사가 되어 승조僧肇, 승엄僧嚴 등과 함께 역경에 종사하였다.

그는 금강경 아미타경 등 수많은 경론을 번역하였다. 그의 중국불교에 대한 영향은 매우 크다.

중론 백론 십이문론의 번역은 삼론종 형성의 계기가 되었고,

법화경 번역을 기반으로 천태종 형성의 실마리가 되었으며, 성실론은 성실학파의 근본 경전이 되었으며, 아미타경과 십주비바사론은 정토종의 소의경전이 되었으며, 미륵성불경은 미륵신앙의 발단이 되었으며, 좌선삼매경은 보살선을 유행시켰다.

그의 번역은 의미 전달에 중점을 두어 간결하고 수려하다.

이 경에서는 서방 극락 정토의 아름다움과 아미타불에 대하여 말한다.

서쪽으로 10만억의 불국토를 지나서 극락세계가 있다. 그곳의 부처님은 무량수 또는 무량광 여래이시다. 그 세계는 땅과 나무, 연못과 못가의 누각, 난간, 층계 등이 모두 7보로 이루어져 있다. 연못에 활짝 핀 갖가지 꽃들은 그윽한 향기를 풍기고, 고운 새들이 날아들어 아름다운 목소리로 하루 여섯 번씩 부처님의 법을 연설한다. 이 같은 극락 세계에 왕생하는 것은 곧 불퇴전지不退轉地에 오르는 것이다.

아미타불의 이름을 사유하고, 하루 내지 7일 동안 염송하되 잡되지 않으면 아미타 부처님이 그 사람 앞에 나타나서 인도한다고 한다. 시방十方의 모든 부처님이 아미타불의 불가사의한 국토가 갖고 있는 공덕을 칭찬한다.

이 경에 서술된 극락세계의 모습과 아미타 부처님과 두 보살의 모습은 관무량수경의 서술과 같다. 다만 관무량수경에서는 극락세계의 모습 등을 관상하기를 요청하고 하근기 중생에게 "나무아미타불"이라고 염하기를 권하고 있는데 반해 여기에서는 다만 서술하고 있다. 또 관무량수경에서 칭명염불에 대하여 하근기 중생에게 요청하고 있으나 여기에서는 근기를 특정하지 않고 왕생발원과 '나무아미타불'을 염하기를 권하고 있다.

佛說阿彌陀經
불 설 아 미 타 경
한문 현토 한글본

현토, 번역, 주석   삼현원창

펴낸곳   도서출판 도반
펴낸이   이상미
편집   김광호, 이상미
대표전화   031-983-1285
이메일   dobanbooks@naver.com
주소   경기도 김포시 고촌읍 신곡리 1168
홈페이지   http://dobanbooks.co.kr